KB189759

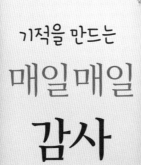

기적을 만드는

매일매일

감사

기적을 만드는
**매일매일
감사**

초판 1쇄 인쇄일 2017년 9월 1일
초판 1쇄 발행일 2017년 9월 11일

펴낸이 김지영　**펴낸곳** 지브레인^{Gbrain}
편집 김현주
제작·관리 김동영　**마케팅** 조명구

출판등록 2001년 7월 3일 제2005-000022호
주소 04021 서울시 마포구 월드컵로7길 88 2층
전화 (02)2648-7224　**팩스** (02)2654-7696

ISBN 978-89-5979-509-3(02230)

사랑하는

_____ 에게

기 도 제목

매일매일 감사하고 사랑하고
축복받는 삶에 대한 안내서

항상 기뻐하라 쉬지 말고 기도하라
범사에 감사하라

데살로니가전서 5 : 16~18

누구나 축복받는 삶을 원합니다.

누구에게나 사랑받기를 원합니다.

항상 행복하기를 원합니다.

그런데 이를 위해서는 먼저 나를 사랑하고 아끼며 매 순간 기도하고 감사하고 지혜의 눈으로 세상을 바라볼 수 있어야 합니다.

《기적을 만드는 매일매일 감사》는 하나님의 말씀과 함께 내 삶의 소중함과 일상의 행복에 대한 감사를 통해 나를 훈련할 수 있도록 했습니다.

범사에 감사하고 기뻐하고 지혜를 갈망하며 항상 복된 삶을 살 수 있기를 바라는 마음을 담아 《기적을 만드는 매일매일 감사》를 시작해보세요.

기적을 만드는 매일매일 감사 노트 작성법

Today's thanks   매일매일의 감사를 기록하세요

맛있는 음식, 따뜻한 햇살, 좋은 사람과의 시간……
어떤 것도 감사가 될 수 있습니다.
누군가와 교환한 미소에도 감사를 느낀다면 당신은 풍요
로운 사람이 될 것입니다.

Today's prayer   당신의 기도를 기록하세요

온 마음을 다해 기도한 후
하나님의 역사하심을 기대해보세요.
성령님이 함께하실 것입니다.

Response to prayers   기도의 역사하심을 기록하세요

기도의 역사하심은 나의 시간이 아니라 하나님의 시간으
로 이루어집니다. 어느날 문득 기도가 이루어졌음을 깨닫
게 되었다면 기록하세요. 풍성한 기쁨과 감사가 함께할 것
입니다.

Today's talk! talk!   하고 싶은 말이나 생각을 기록하세요

오늘 기억하고 싶은 것들을 기록해보세요. 간직하고 싶은
기억, 추억…… 어떤 것도 좋습니다.

여호와는
나의 목자시니
내게 부족함이 없으리로다

시편 23:1

Today's thanks

Today's prayer

Response to prayers

Today's talk! talk!

네 시작은
미약하였으나
네 나중은
심히 창대하리라

욥기 8:7

Today's thanks

Today's prayer

Response to prayers

Today's talk! talk!

아침에 나로 하여금

주의 인자한 말씀을 듣게 하소서

내가 주를 의뢰함이니이다

내가 다닐 길을 알게 하소서

내가 내 영혼을 주께 드림이니이다

시편 143:8

DATE

Today's thanks

Today's prayer

Response to prayers

Today's talk! talk!

곧 헛된 것과 거짓말을

내게서 멀리 하옵시며

나를 가난하게도 마옵시고

부하게도 마옵시고

오직 필요한 양식으로

나를 먹이시옵소서

잠언 30 : 8

Today's thanks

Today's prayer

Response to prayers

Today's talk! talk!

구하는 이마다 받을 것이요

찾는 이는 찾아낼 것이요

두드리는 이에게는

열릴 것이니라

마태복음 7:8

Today's thanks

Today's prayer

Response to prayers

Today's talk! talk!

하나님이 세상을 이처럼 사랑하사

독생자를 주셨으니 이는 그를 믿는 자마다

멸망하지 않고 영생을 얻게 하려 하심이라

요한복음 3:16

Today's thanks

Today's prayer

Response to prayers

Today's talk! talk!

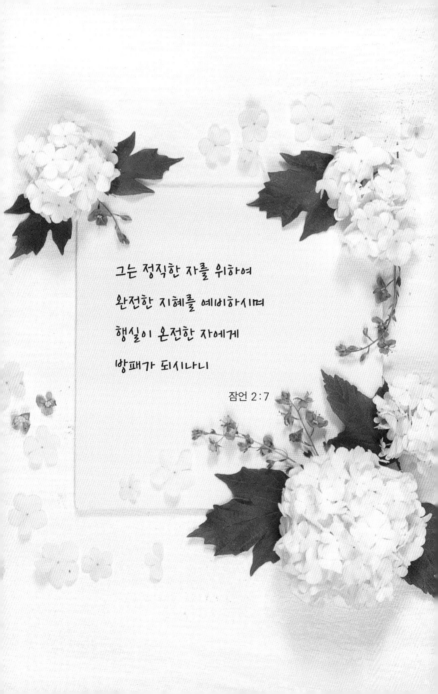

그는 정직한 자를 위하여

완전한 지혜를 예비하시며

행실이 온전한 자에게

방패가 되시나니

잠언 2:7

DATE

Today's thanks

Today's prayer

Response to prayers

Today's talk! talk!

하나님이 이르시되 그가 나를 사랑한즉

내가 그를 건지리라

그가 내 이름을 안즉

내가 그를 높이리라

시편 91:14

DATE

Today's thanks

Today's prayer

Response to prayers

Today's talk! talk!

23

여호와는 선하시며

환난 날에 산성이시라

그는 자기에게 피하는

자들을 아시느니라

나훔 1:7

Today's thanks

Today's prayer

Response to prayers

Today's talk! talk!

우리가 세상에 아무 것도 가지고 온 것이 없으매

또한 아무 것도 가지고 가지 못하리니

우리가 먹을 것과 입을 것이 있은즉

족한 줄로 알 것이니라

디모데전서 6 : 7~10

Today's thanks

Today's prayer

Response to prayers

Today's talk! talk!

아무 것도 염려하지 말고 다만 모든 일에 기도와 간구로,

너희 구할 것을 감사함으로 하나님께 아뢰라

그리하면 모든 지각에 뛰어난 하나님의 평강이

그리스도 예수 안에서 너희 마음과 생각을 지키시리라

빌립보서 4:6~7

Today's thanks

Today's prayer

Response to prayers

Today's talk! talk!

예수께서 이르시되

할 수 있거든이 무슨 말이냐

믿는 자에게는 능히 하지

못할 일이 없느니라 하시니

마가복음 9 : 23

Today's thanks

Today's prayer

Response to prayers

Today's talk! talk!

지혜를 얻은 자와 명철을 얻은 자는 복이 있나니

이는 지혜를 얻는 것이 은을 얻는 것보다 낫고

그 이익이 정금보다 나음이니라

잠언 3 : 13~14

DATE

Today's thanks

Today's prayer

Response to prayers

Today's talk! talk!

나를 사랑하고

내 계명을 지키는 자에게는

천 대까지 은혜를 베푸느니라

출애굽기 20 : 6

Today's thanks

Today's prayer

Response to prayers

Today's talk! talk!

상한 갈대를 꺾지 아니하며

꺼져가는 심지를 끄지 아니하기를

심판하여 이길 때까지 하리니

마태복음 12 : 20

Today's thanks

Today's prayer

Response to prayers

Today's talk! talk!

지혜를 버리지 말라

그가 너를 보호하리라

그를 사랑하라

그가 너를 지키리라

잠언 4:6

Today's thanks

Today's prayer

Response to prayers

Today's talk! talk!

여호와는 나의 사랑이시요

나의 요새이시요 나의 산성이시요

나를 건지시는 이시요 나의 방패이시니

내가 그에게 피하였고

그가 내 백성을 내게 복종하게 하셨나이다

시편 144 : 2

Today's thanks

Today's prayer

Response to prayers

Today's talk! talk!

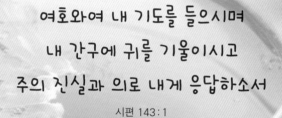

여호와여 내 기도를 들으시며

내 간구에 귀를 기울이시고

주의 진실과 의로 내게 응답하소서

시편 143:1

Today's thanks

Today's prayer

Response to prayers

Today's talk! talk!

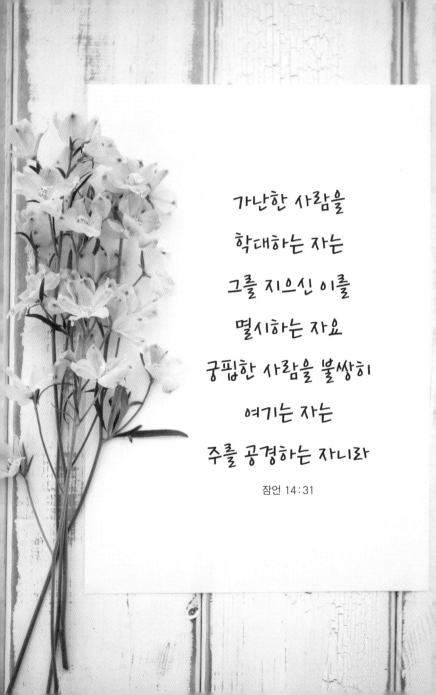

가난한 사람을

학대하는 자는

그를 지으신 이를

멸시하는 자요

궁핍한 사람을 불쌍히

여기는 자는

주를 공경하는 자니라

잠언 14:31

Today's thanks

Today's prayer

Response to prayers

Today's talk! talk!

선한 지혜는 은혜를 베푸나 사악한 자의 길은 험하니라

무릇 슬기로운 자는 지식으로 행하거니와

미련한 자는 자기의 미련한 것을 나타내느니라

잠언 13 : 15~16

Today's thanks

Today's prayer

Response to prayers

Today's talk! talk!

예수께서 이르시되

내가 곧 길이요 진리요 생명이니

나로 말미암지 않고는

아버지께로 올 자가 없느니라

요한복음 14:6

Today's thanks

Today's prayer

Response to prayers

Today's talk! talk!

나는 가난하고 궁핍하오나

주께서는 나를 생각하시오니

주는 나의 도움이시요

나를 건지시는 이시라

나의 하나님이여

지체하지 마소서

시편 40:17

DATE

Today's thanks

Today's prayer

Response to prayers

Today's talk! talk!

하나님은

우리의 피난처시요 힘이시니

환난 중에 만날 큰 도움이시라

시편 46:1

DATE

Today's thanks

Today's prayer

Response to prayers

Today's talk! talk!

하나님은 사람이 아니시니

거짓말을 하지 않으시고

인생이 아니시니 후회가 없으시도다

어찌 그 말씀하신 바를

행하지 않으시며

하신 말씀을 실행하지 않으시랴

민수기 23 : 19

Today's thanks

Today's prayer

Response to prayers

Today's talk! talk!

사악한 자의
길에 들어가지 말며
악인의 길로 다니지 말지어다

잠언 4:14

Today's thanks

Today's prayer

Response to prayers

Today's talk! talk!

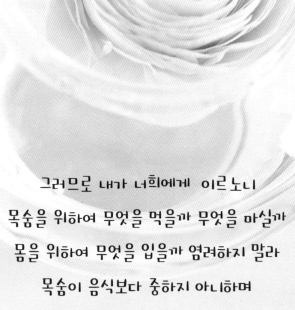

그러므로 내가 너희에게 이르노니

목숨을 위하여 무엇을 먹을까 무엇을 마실까

몸을 위하여 무엇을 입을까 염려하지 말라

목숨이 음식보다 중하지 아니하며

몸이 의복보다 중하지 아니하냐

마태복음 6:25

Today's thanks

Today's prayer

Response to prayers

Today's talk! talk!

사랑할 때가 있고

　　미워할 때가 있으며

전쟁할 때가 있고

　　평화할 때가 있느니라

　　　　전도서 3:8

DATE

Today's thanks

Today's prayer

Response to prayers

Today's talk! talk!

61

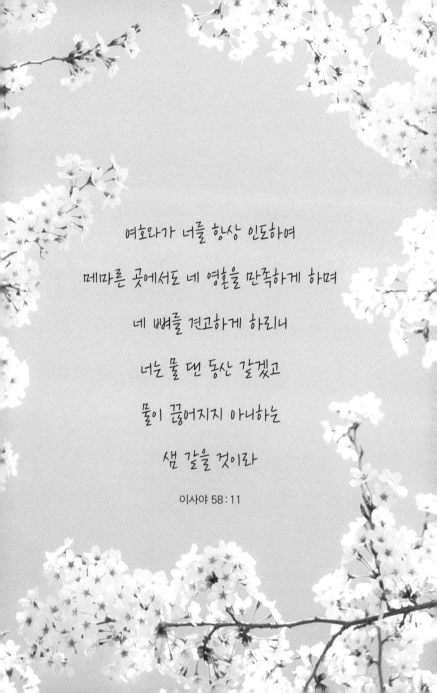

여호와가 너를 항상 인도하여

메마른 곳에서도 네 영혼을 만족하게 하며

네 뼈를 견고하게 하리니

너는 물 댄 동산 같겠고

물이 끊어지지 아니하는

샘 같을 것이라

이사야 58 : 11

Today's thanks

Today's prayer

Response to prayers

Today's talk! talk!

하나님께 가까이 함이

내게 복이라

내가 주 여호와를

나의 피난처로 삼아

주의 모든 행적을 전파하리이다

시편 73 : 28

Today's thanks

Today's prayer

Response to prayers

Today's talk! talk!

또 여호와를 기뻐하라
그가 네 마음의 소원을
네게 이루어 주시리로다

시편 37:4

Today's thanks

Today's prayer

Response to prayers

Today's talk! talk!

지나치게 의인이 되지도 말며

지나치게 지혜자도 되지 말라

어찌하여 스스로 패망하게 하겠느냐

지나치게 악인이 되지도 말며

지나치게 우매한 자도 되지 말라

어찌하여 기한 전에 죽으려고 하느냐

전도서 7 : 16~17

Today's thanks

Today's prayer

Response to prayers

Today's talk! talk!

그러므로 너희 죄를 서로 고백하며

병이 낫기를 위하여 서로 기도하라

의인의 간구는 역사하는 힘이 큼이니라

야고보서 5 : 16

Today's thanks

Today's prayer

Response to prayers

Today's talk! talk!

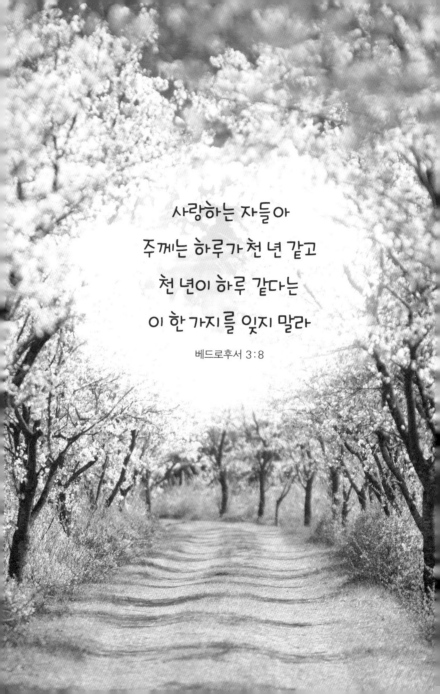

사랑하는 자들아

주께는 하루가 천 년 같고

천 년이 하루 같다는

이 한 가지를 잊지 말라

베드로후서 3:8

Today's thanks

Today's prayer

Response to prayers

Today's talk! talk!

높음이나 깊음이나 다른 어떤 피조물이라도

우리를 우리 주 그리스도 예수 안에 있는

하나님의 사랑에서 끊을 수 없으리라

로마서 8 : 39

Today's thanks

Today's prayer

Response to prayers

Today's talk! talk!

여호와여

속히 내게 응답하소서

내 영이 피곤하니이다

주의 얼굴을 내게서 숨기지 마소서

내가 무덤에 내려가는 자 같을까

두려워하나이다

시편 143 : 7

Today's thanks

Today's prayer

Response to prayers

Today's talk! talk!

그러므로 믿음은

들음에서 나며

들음은 그리스도의

말씀으로 말미암았느니라

로마서 10:17

DATE

Today's thanks

Today's prayer

Response to prayers

Today's talk! talk!

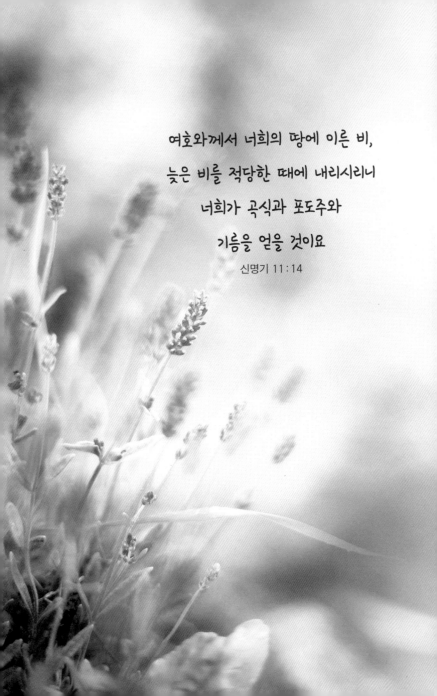

여호와께서 너희의 땅에 이른 비,
늦은 비를 적당한 때에 내리시리니
너희가 곡식과 포도주와
기름을 얻을 것이요

신명기 11:14

Today's thanks

Today's prayer

Response to prayers

Today's talk! talk!

선물한다고

거짓 자랑하는 자는

비 없는 구름과 바람 같으니라

잠언 25 : 14

Today's thanks

Today's prayer

Response to prayers

Today's talk! talk!

또 기도할 때에 이방인과 같이 중언부언하지 말라

그들은 말을 많이 하여야 들으실 줄 생각하느니라

그러므로 그들을 본받지 말라

구하기 전에 너희에게 있어야 할 것을

하나님 너희 아버지께서 아시느니라

마태복음 6:7~8

DATE
....

Today's thanks
....

....

....

....

....

....

Today's prayer
....

....

....

....

Response to prayers
....

....

Today's talk! talk!

내가 네게 명령한 것이 아니냐

강하고 담대하라 두려워하지 말며 놀라지 말라

네가 어디로 가든지

네 하나님 여호와가 너와 함께 하느니라 하시니라

여호수아 1:9

Today's thanks

Today's prayer

Response to prayers

Today's talk! talk!

여호와께서는 자기에게

간구하는 모든 자

곧 진실하게 간구하는

모든 자에게

가까이 하시는도다

시편 145 : 18

Today's thanks

Today's prayer

Response to prayers

Today's talk! talk!

서서 기도할 때에

아무에게나 혐의가 있거든 용서하라

그리하여야 하늘에 계신 너희 아버지께서도

너희 허물을 사하여 주시리라 하시니라

마가복음 11 : 25

Today's thanks

Today's prayer

Response to prayers

Today's talk! talk!

우리가 살아도 주를 위하여 살고

죽어도 주를 위하여 죽나니

그러므로 사나 죽으나 우리가 주의 것이로다

로마서 14 : 8

Today's thanks

Today's prayer

Response to prayers

Today's talk! talk!

나와 아버지는
하나이니라 하신대

요한복음 10 : 30

DATE

Today's thanks

Today's prayer

Response to prayers

Today's talk! talk!

고난 당하기 전에는 내가 그릇 행하였더니

이제는 주의 말씀을 지키나이다

시편 119:67

Today's thanks

Today's prayer

Response to prayers

Today's talk! talk!

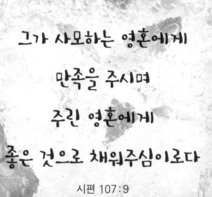

그가 사모하는 영혼에게

만족을 주시며

주린 영혼에게

좋은 것으로 채워주심이로다

시편 107:9

Today's thanks

Today's prayer

Response to prayers

Today's talk! talk!

내가 문이니

누구든지 나로 말미암아 들어가면

구원을 받고

또는 들어가며 나오며 꼴을 얻으리라

요한복음 10:9

Today's thanks

Today's prayer

Response to prayers

Today's talk! talk!

내가 나그네 된 집에서
주의 율례들이
나의 노래가 되었나이다

시편 119:54

Today's thanks

Today's prayer

Response to prayers

Today's talk! talk!

청년이 무엇으로 그의 행실을 깨끗하게

하리이까 주의 말씀만 지킬 따름이니이다

시편 119:9

Today's thanks

Today's prayer

Response to prayers

Today's talk! talk!

각각 은사를 받은 대로
하나님의 여러 가지 은혜를
맡은 선한 청지기 같이
서로 봉사하라

베드로전서 4:10

Today's thanks

Today's prayer

Response to prayers

Today's talk! talk!

의인의 길은 정직함이여 정직하신 주께서

의인의 첩경을 평탄하게 하시도다

이사야 26:7

Today's thanks

Today's prayer

Response to prayers

Today's talk! talk!

지혜 있는 자는 강하고 지식 있는 자는 힘을 더하나니

너는 전략으로 싸우라 승리는 지략이 많음에 있느니라

잠언 24:5~6

Today's thanks

Today's prayer

Response to prayers

Today's talk! talk!

미련한 자는 교만하여

입으로 매를 자청하고

지혜로운 자의 입술은

자기를 보전하느니라

잠언 14 : 3

Today's thanks

Today's prayer

Response to prayers

Today's talk! talk!

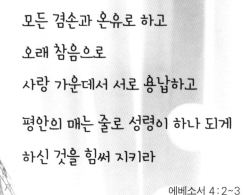

모든 겸손과 온유로 하고

오래 참음으로

사랑 가운데서 서로 용납하고

평안의 매는 줄로 성령이 하나 되게

하신 것을 힘써 지키라

에베소서 4 : 2~3

DATE

Today's thanks

Today's prayer

Response to prayers

Today's talk! talk!

마땅히 행할 길을

아이에게 가르치라

그리하면 늙어도

그것을 떠나지

아니하리라

잠언 22 : 6

Today's thanks

Today's prayer

Response to prayers

Today's talk! talk!

운동장에서 달음질하는 자들이 다 달릴지라도

오직 상을 받는 사람은 한 사람인 줄을

너희가 알지 못하느냐

너희도 상을 받도록 이와 같이 달음질하라

고린도전서 9:24

Today's thanks

Today's prayer

Response to prayers

Today's talk! talk!

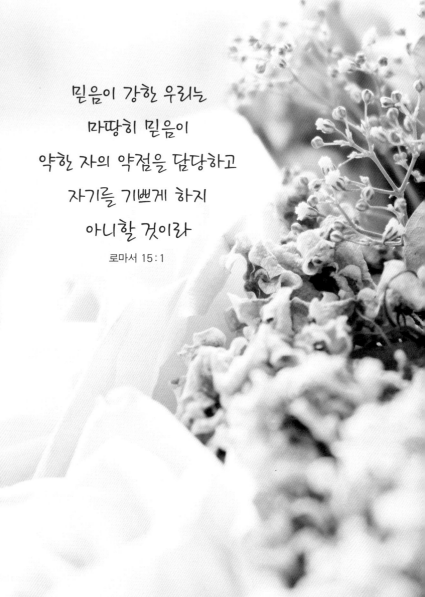

믿음이 강한 우리는
마땅히 믿음이
약한 자의 약점을 담당하고
자기를 기쁘게 하지
아니할 것이라

로마서 15:1

Today's thanks

Today's prayer

Response to prayers

Today's talk! talk!

그런즉 너희는 먼저 그의 나라와 그의 의를 구하라

그리하면 이 모든 것을 너희에게 더하시리라

마태복음 6 : 33

DATE

Today's thanks

Today's prayer

Response to prayers

Today's talk! talk!

오직 믿음으로 구하고 조금도 의심하지 말라

의심하는 자는 마치 바람에 밀려

요동하는 바다 물결 같으니

야고보서 1:6

Today's thanks

Today's prayer

Response to prayers

Today's talk! talk!

내가 진실로 진실로 너희에게 이르노니

한 알의 밀이 땅에 떨어져 죽지 아니하면

한 알 그대로 있고 죽으면 많은 열매를 맺느니라

요한복음 12 : 24

Today's thanks

Today's prayer

Response to prayers

Today's talk! talk!

사람들이 사는 동안에

기뻐하며 선을 행하는 것보다

더 나은 것이 없는 줄을

내가 알았고

전도서 3:12

Today's thanks

Today's prayer

Response to prayers

Today's talk! talk!

하나님은 우리의 피난처시요 힘이시니

환난 중에 만날 큰 도움이시라

시편 46:1

Today's thanks

Today's prayer

Response to prayers

Today's talk! talk!

사랑은 오래 참고 사랑은 온유하며 시기하지 아니하며
사랑은 자랑하지 아니하며 교만하지 아니하며

무례히 행하지 아니하며 자기의 유익을 구하지 아니하며
성내지 아니하며 악한 것을 생각하지 아니하며

불의를 기뻐하지 아니하며 진리와 함께 기뻐하고

모든 것을 참으며 모든 것을 믿으며 모든 것을 바라며
모든 것을 견디느니라

고린도전서 13:4~7

Today's thanks

Today's prayer

Response to prayers

Today's talk! talk!

오직 그만이 나의 반석이시요
나의 구원이시요 나의 요새이시니
내가 크게 흔들리지 아니하리로다

시편 62:2

Today's thanks

Today's prayer

Response to prayers

Today's talk! talk!

사랑하는 자들아

하나님이 이같이 우리를 사랑하셨은즉

우리도 서로 사랑하는 것이 마땅하도다

요한1서 4:11

Today's thanks

Today's prayer

Response to prayers

Today's talk! talk!

우리가 사랑함은

그가 먼저 우리를 사랑하셨음이라

요한1서 4 : 19

DATE

Today's thanks

Today's prayer

Response to prayers

Today's talk! talk!

비판하지 말라 그리하면 너희가 비판을 받지 않을 것이요
정죄하지 말라 그리하면 너희가 정죄를 받지 않을 것이요
용서하라 그리하면 너희가 용서를 받을 것이요

누가복음 6 : 37

Today's thanks

Today's prayer

Response to prayers

Today's talk! talk!

세월을 아끼라
때가 악하니라

에베소서 5 : 16

DATE

Today's thanks

Today's prayer

Response to prayers

Today's talk! talk!

143

오직 성령의 열매는 사랑과 희락과 화평과
오래 참음과 자비와 양선과 충성과

온유와 절제니 이같은 것을
금지할 법이 없느니라

갈라디아서 5 : 22~23

Today's thanks

Today's prayer

Response to prayers

Today's talk! talk!

내가 부득불 자랑할진대

내가 약한 것을 자랑하리라

고린도후서 11 : 30

Today's thanks

Today's prayer

Response to prayers

Today's talk! talk!

근심하는 자 같으나

항상 기뻐하고

가난한 자 같으나

많은 사람을 부요하게 하고

아무 것도 없는 자 같으나

모든 것을 가진 자로다

고린도후서 6:10

Today's thanks
....

....

....

....

....

Today's prayer
....

....

....

....

Response to prayers
....

....

Today's talk! talk!

그런즉 믿음, 소망, 사랑,

이 세 가지는 항상 있을 것인데

그 중의 제일은 사랑이라

고린도전서 13:13

Today's thanks

Today's prayer

Response to prayers

Today's talk! talk!

지식 없는 소원은

선하지 못하고

발이 급한 사람은

잘못 가느니라

잠언 19 : 2

DATE

Today's thanks

Today's prayer

Response to prayers

Today's talk! talk!

153

여호와여 주의 긍휼을 내게서 거두지 마시고

주의 인자와 진리로 나를 항상 보호하소서

시편 40:11

Today's thanks

Today's prayer

Response to prayers

Today's talk! talk!

오직 너희를 부르신 거룩한 이처럼
너희도 모든 행실에 거룩한 자가 되라

베드로전서 1 : 15

Today's thanks

Today's prayer

Response to prayers

Today's talk! talk!

나는 마음이

온유하고 겸손하니

나의 멍에를 메고

내게 배우라

그리하면

너희 마음이

쉼을 얻으리니

마태복음 11 : 29

Today's thanks

Today's prayer

Response to prayers

Today's talk! talk!

죄의 삯은 사망이요

하나님의 은사는

그리스도 예수 우리 주 안에 있는

영생이니라

로마서 6 : 23

Today's thanks

Today's prayer

Response to prayers

Today's talk! talk!

우리가 주목하는 것은

보이는 것이 아니요

보이지 않는 것이니

보이는 것은 잠깐이요

보이지 않는 것은 영원함이라

고린도후서 4 : 18

Today's thanks

Today's prayer

Response to prayers

Today's talk! talk!

기도를 계속하고
기도에 감사함으로
깨어 있으라

골로새서 4:2

Today's thanks

Today's prayer

Response to prayers

Today's talk! talk!

다툼을 멀리 하는 것이
사람에게 영광이거늘
미련한 자마다 다툼을 일으키느니라

잠언 20:3

DATE

Today's thanks

Today's prayer

Response to prayers

Today's talk! talk!

167

우매한 자는

말을 많이 하거니와

사람은 장래 일을

알지 못하나니

나중에 일어날 일을

누가 그에게 알리리요

전도서 10:14

DATE

Today's thanks

Today's prayer

Response to prayers

Today's talk! talk!

169

좋은 나무가 나쁜 열매를 맺을 수 없고

못된 나무가 아름다운 열매를 맺을 수 없느니라

아름다운 열매를 맺지 아니하는 나무마다

찍혀 불에 던져지느니라

마태복음 7 : 18~19

DATE

Today's thanks

Today's prayer

Response to prayers

Today's talk! talk!

171

즐거워하는 자들과 함께 즐거워하고

우는 자들과 함께 울라

로마서 12 : 15

Today's thanks

Today's prayer

Response to prayers

Today's talk! talk!

주께서 나의 등불을 켜심이여

여호와 내 하나님이

내 흑암을 밝히시리이다

시편 18 : 28

Today's thanks

Today's prayer

Response to prayers

Today's talk! talk!

무릇 더러운 말은 너희 입 밖에도 내지 말고

오직 덕을 세우는 데 소용되는 대로

선한 말을 하여

듣는 자들에게 은혜를 끼치게 하라

에베소서 4 : 29

Today's thanks

Today's prayer

Response to prayers

Today's talk! talk!

자기의 육체를 위하여 심는 자는

육체로부터 썩어질 것을 거두고

성령을 위하여 심는 자는

성령으로부터 영생을 거두리라

갈라디아서 6:8

Today's thanks
....

....

....

....

....

....

Today's prayer
....

....

....

....

Response to prayers
....

....

Today's talk! talk!

나에게 이르시기를 내 은혜가 네게 족하도다
이는 내 능력이 약한 데서 온전하여짐이라 하신지라
그러므로 도리어 크게 기뻐함으로
나의 여러 약한 것들에 대하여 자랑하리니
이는 그리스도의 능력이 내게 머물게 하려 함이라

고린도후서 12 : 9

Today's thanks

Today's prayer

Response to prayers

Today's talk! talk!

하나님의 뜻대로 하는 근심은

후회할 것이 없는 구원에 이르게 하는

회개를 이루는 것이요

세상 근심은 사망을 이루는 것이니라

고린도후서 7 : 10

Today's thanks

Today's prayer

Response to prayers

Today's talk! talk!

선한 양심을 가지라

이는 그리스도 안에 있는 너희의 선행을 욕하는 자들로

그 비방하는 일에 부끄러움을 당하게 하려 함이라

선을 행함으로 고난 받는 것이 하나님의 뜻일진대

악을 행함으로 고난 받는 것보다 나으니라

베드로전서 3 : 16~17

Today's thanks

Today's prayer

Response to prayers

Today's talk! talk!

누구든지 자기를 높이는 자는 낮아지고

누구든지 자기를 낮추는 자는 높아지리라

마태복음 23 : 12

Today's thanks

Today's prayer

Response to prayers

Today's talk! talk!

예수께서 이르시되 나는 생명의 떡이니

내게 오는 자는 결코 주리지 아니할 터이요

나를 믿는 자는 영원히 목마르지 아니하리라

요한복음 6:35

DATE

Today's thanks

Today's prayer

Response to prayers

Today's talk! talk!

189

하나님이 모든 것을 지으시되 때를 따라 아름답게
하셨고 또 사람들에게는 영원을 사모하는 마음을
주셨느니라 그러나 하나님이 하시는 일의 시종을
사람으로 측량할 수 없게 하셨도다

전도서 3:11

Today's thanks

Today's prayer

Response to prayers

Today's talk! talk!

이같이 너희 빛이 사람 앞에 비치게 하여

그들로 너희 착한 행실을 보고

하늘에 계신 너희 아버지께 영광을 돌리게 하라

마태복음 5 : 16

Today's thanks

Today's prayer

Response to prayers

Today's talk! talk!

여호와께서 너를 실족하지 아니하게 하시며

너를 지키시는 이가 졸지 아니하시리로다

시편 121 : 3

Today's thanks

Today's prayer

Response to prayers

Today's talk! talk!

우리는 남의 수고를 가지고

분수 이상의 자랑을 하는 것이 아니라

오직 너희 믿음이 자랄수록 우리의 규범을 따라

너희 가운데서 더욱 풍성하여지기를 바라노라

고린도후서 10 : 15

Today's thanks

Today's prayer

Response to prayers

Today's talk! talk!

내가 복음을
부끄러워하지 아니하노니
이 복음은 모든 믿는 자에게
구원을 주시는 하나님의 능력이 됨이라
먼저는 유대인에게요
그리고 헬라인에게로다

로마서 1:16

Today's thanks

Today's prayer

Response to prayers

Today's talk! talk!

그가 시험을 받아 고난을
당하셨은즉 시험 받는 자들을
능히 도우실 수 있느니라

히브리서 2:18

Today's thanks

Today's prayer

Response to prayers

Today's talk! talk!

우리가 우리에게 죄 지은 자를 사하여 준 것 같이 우리 죄를 사하여 주시옵고

우리를 시험에 들게 하지 마시옵고 다만 악에서 구하시옵소서 (나라와 권세와 영광이 아버지께 영원히 있사옵나이다 아멘)

마태복음 6 : 12~13

Today's thanks

Today's prayer

Response to prayers

Today's talk! talk!

보라 그의 마음은

교만하며 그 속에서

정직하지 못하나

의인은 그의 믿음으로

말미암아 살리라

하박국 2:4

Today's thanks

Today's prayer

Response to prayers

Today's talk! talk!

노하기를 더디 하는 자는

크게 명철하여도

마음이 조급한 자는

어리석음을 나타내느니라

잠언 14:29

DATE

Today's thanks

Today's prayer

Response to prayers

Today's talk! talk!

나의 계명을 지키는 자라야 나를 사랑하는 자니

나를 사랑하는 자는 내 아버지께 사랑을 받을 것이요

나도 그를 사랑하여 그에게 나를 나타내리라

요한복음 14:21

Today's thanks

Today's prayer

Response to prayers

Today's talk! talk!